Inhalt

Arbeitsmarktreform in Frankreich - kommt Deutschlands wichtigster Handelspartner aus der Krise?

Kernthesen

Beitrag

Fallbeispiele

Weiterführende Literatur

Impressum

Arbeitsmarktreform in Frankreich - kommt Deutschlands wichtigster Handelspartner aus der Krise?

Robert Reuter

Kernthesen

- Frankreichs Wirtschaft schlingert zwischen Stagnation und Rezession.
- Die ökonomischen Probleme sind vielfältig. Die Arbeitslosigkeit ist hoch, die Produktivität ist gesunken, der Arbeitsmarkt ist unflexibel.
- Die französische Regierung macht noch

immer keine Anstalten, die notwendigen Reformen anzustoßen.
- Eine kürzlich getroffene Arbeitsmarktvereinbarung zwischen einigen Gewerkschaften und den Arbeitgebern wird darum als großer Erfolg gefeiert.

Beitrag

Frankreichs Wirtschaft in der Krise

Frankreich ist für viele deutsche Unternehmen der wichtigste Handelspartner, hat aber mit tiefgreifenden wirtschaftlichen Problemen zu kämpfen. Die Situation unseres westlichen Nachbarlandes wird heute mit der Lage verglichen, in der sich Deutschland vor der Einführung der Agenda 2010 befand. Die Arbeitslosenquote liegt bei gut zehn Prozent (in Deutschland bei nur gut fünf Prozent), unter jungen Leuten liegt die Quote sogar bei 25 Prozent. Besonders drastisch sind die Unterschiede zur deutschen Wirtschaft bei der Produktivität. Frankreichs Industrie produziert derzeit 7,3 Prozent weniger Güter als im Jahr 2000, während die Konkurrenz in Deutschland ihre Produktion um mehr als ein Fünftel steigern konnte. Hierunter leidet die Wettbewerbsfähigkeit, weshalb Frankreich in den letzten zehn Jahren rund ein Viertel seines Anteils am Welthandel verlor. Sorgen bereiten auch die hohe Staatsquote von etwa 57 Prozent und das Leistungsbilanzdefizit von zwei Prozent. (1)

Zwischen Stagnation und Rezession

Im abgelaufenen Jahr hat die französische Wirtschaft stagniert. Optimisten sprechen von einem marginalen Wachstum in Höhe von 0,2 Prozent, die Deutsche Bank hingegen hat einen Rückgang des Bruttoinlandsprodukts um 0,1 Prozent errechnet. Für 2013 rechnen die Experten mit einem weiteren Rückgang um etwa 0,2 Prozent. Die Europäische Union sieht den Rückgang der französischen Wirtschaftsleistung sogar bei 0,4 Prozent.

Das Problemfeld Nummer eins ist der französische Arbeitsmarkt. Dieser gilt als so unflexibel wie der deutsche vor der Agenda 2010, zudem haben die Gewerkschaften auf breiter Front hohe Lohnabschlüsse durchgesetzt. Das hohe Lohnniveau lässt ausländische Investoren vor Engagements in Frankreich zurückschrecken. Zudem wirkt sich das Lohnniveau negativ auf die Lohnstückkosten aus, die heute um 22 Prozent höher liegen als im Jahr 2000. In Deutschland gingen sie im gleichen Zeitraum um lediglich 1,5 Prozent nach oben.

Hinzu kommen hohe Steuern und die höchsten Sozialabgaben in der Eurozone. Frankreichs Steuerproblematik geriet in den letzten Wochen besonders in den Fokus der europäischen Öffentlichkeit, als der Schauspieler Gerard Depardieu vor den hohen Abgaben in seinem Heimatland flüchtete und sich unter großem Medien-Tamtam in Russland niederließ. Eigentlich eine Petitesse, hat die öffentlichkeitswirksame Übersiedlung die Schwierigkeiten des Standorts Frankreich doch besonders deutlich werden lassen. Mit seinem Ärger über die Pariser Steuerpläne steht der Schauspieler freilich nicht alleine. Die Regierung Hollande hat angekündigt, den Spitzensteuersatz für Großverdiener auf 75 Prozent anzuheben. (2), (7)

Staatspräsident ohne Reformeifer

Die Beobachter Frankreichs sind sich darüber einig, dass das Land dringend Reformen braucht. Allerdings macht der neue Staatspräsident Francois Hollande kaum Anstalten, die nötigen Veränderungen herbeizuführen. Zwar wurden den Arbeitgebern ab 2013 Steuererleichterungen von bis zu 20 Milliarden Euro pro Jahr angekündigt, die auch die Lohnkosten sinken lassen dürften. Analysten bezweifeln aber, dass das reichen wird.

Als problematisch für die französische Regierung erweist sich derzeit die Erwartungshaltung der Bevölkerung. Diese hat den Sozialisten Hollande nicht gewählt, um harte Sanierungsgesetze aushalten zu müssen, sondern in der Erwartung weiterer Erleichterungen. So sieht ein überraschend großer Anteil der Wähler die Enteignung von Großunternehmen immer noch als richtigen Weg aus der Wirtschaftskrise an. So geschehen beim Stahlwerk ArcelorMittal in Lothringen, was für internationale Investoren, wenn es denn dazu käme, ein verheerendes Signal wäre.

Hollandes Wahlversprechen hieß, für soziale Gerechtigkeit zu sorgen. Der Mindestlohn wurde darum erhöht und das von Hollandes Vorgänger Nicolas Sarkozy auf 62 Jahre angehobene Renteneintrittsalter wieder auf 60 Jahre gesenkt. Für Aktiengesellschaften mit einem Jahresumsatz von mehr als 250 Millionen Euro wurde eine dreiprozentige Dividendensteuer eingeführt, und auch die Kapitalsteuer wurde erhöht. All diese Maßnahmen haben Hollande beim Volk beliebt gemacht, lösen aber nicht die tiefgreifenden Strukturprobleme des Landes. (4)

Hoffnungszeichen für den Arbeitsmarkt

Gleichwohl hat Frankreich vor kurzem einen kleinen Schritt hin zu mehr Wettbewerbsfähigkeit und einem flexibleren Arbeitsmarkt geschafft. Arbeitgeberverbände und drei Gewerkschaften einigten sich nach mehrmonatigen Verhandlungen auf eine Flexibilisierung der Arbeit zugunsten der Unternehmen. Diese können nun unter schwierigen konjunkturellen Bedingungen Löhne senken und/oder die Arbeitszeit verlängern. Frankreichs Unternehmerverband und die Regierung verbuchen die Einigung als großen Erfolg, der den Arbeitsmarkt auf höchstes europäisches Niveau hebe. Völlig berechtigt ist die Euphorie allerdings nicht, denn die Maßnahmen können nur ergriffen werden, wenn die Mehrheit der Arbeitnehmer im Unternehmen ebenfalls dafür ist. Zudem darf die Lohnanpassung an die Ertragslage nur zwei Jahre lang dauern, was die Schlagkraft der neuen Bestimmung ebenfalls aufweichen dürfte.

Zweitens erlaubt die Reform eine vereinfachte Restrukturierung von Unternehmen. Bislang war die Sanierung von Unternehmen mit Hilfe von Entlassungen nur möglich, wenn ein spezielles Sozialplan-Verfahren eingehalten wurde. Die

Regelung sorgte in der Praxis für zähe Verhandlungen und hatte überdies oft jahrelange gerichtliche Auseinandersetzungen zur Folge. Künftig soll es den Unternehmen möglich sein, viel schneller auf veränderte wirtschaftliche Bedingungen reagieren zu können. Falls eine Einigung mit dem Betriebsrat nicht möglich ist, darf das Management der staatlichen Arbeitsverwaltung einen eigenen Plan vorlegen, der nur unter sehr bestimmten Bedingungen abgelehnt werden darf.

Was die Beschlüsse wert sind, wird erst die Zukunft zeigen. Als hemmend für die praktische Umsetzung könnte sich insbesondere die Weigerung von zwei der fünf beteiligten Gewerkschaften erweisen, den Kompromiss mitzutragen. Die beiden Hardliner-Gewerkschaften CGT und Force Ouvrière haben bereits angekündigt, auch weiterhin jede Maßnahme zu bekämpfen, die die französischen Arbeiter ins Prekariat treibe. (5), (6)

Trends

Automobilindustrie schrumpft weiter

Der französische Autohersteller Renault will wegen

der Absatzkrise in Europa binnen vier Jahren 7 500 Stellen oder 14 Prozent seiner Arbeitsplätze in Frankreich abbauen. 5 700 Arbeitsplätze sollen durch Ruhestandsregelungen besonders sozialverträglich eingespart werden. Über die Modalitäten für die zusätzlichen 1 800 Stellenstreichungen muss sich die Konzernführung noch mit den Gewerkschaften einigen. Insgesamt beschäftigt Renault 44 000 Mitarbeiter in seinem Heimatmarkt.

Konkurrent Peugeot-Citroën (PSA) beklagt unterdessen die im vergangenen Jahr stark eingebrochenen Verkaufszahlen in Europa. Der Konzern ist von der Absatzkrise mit voller Wucht getroffen worden. Im europäischen Raum, zu dem PSA 30 Länder rechnet, sank der Absatz um 17,3 Prozent auf 1,76 Millionen Fahrzeuge. (8), (9)

Fallbeispiele

Bundesregierung sorgt sich um den Partner

Bundesfinanzminister Wolfgang Schäuble soll nach nicht bestätigten Informationen die deutschen Wirtschaftsweisen, das heißt den Sachverständigenrat, gebeten haben, ein

Sondergutachten über die wirtschaftliche Verfassung Frankreichs anzufertigen. Einen formellen Auftrag hierzu soll der Minister aber nicht ausgesprochen haben. Die Meldung ist eigentlich nicht der Rede wert, zeigt aber, wie weit sich die Besorgnis über den französischen Patienten in der Bundesregierung breitgemacht hat. Am Horizont erscheint ein Szenario, bei dem Frankreich wegen seiner Wirtschaftsschwäche in echte Bedrängnis gerät und dann als wichtiger Mitgestalter des europäischen Haushaltskrisenmanagements ausfallen würde. Schon mehren sich die Stimmen, die nicht mehr Griechenland, Spanien und Italien als die größten Sorgenkinder der Eurozone ausmachen, sondern Frankreich. Sollte auch die zweitgrößte Volkswirtschaft Europas unter einen der Rettungsschirme flüchten müssen, könnte dies das endgültige Aus für das europäische Projekt einer gemeinsamen Währung bedeuten - was sich in Berlin aber niemand vorstellen will. (3)

Weiterführende Literatur

(1) Schocktherapie für Frankreichs sieche Wirtschaft
aus Spiegel Online, 05.11.2012

(2) Vive la crise!
aus manager-magazin.de vom 30.11.2012

(3) Wirtschaftsweise sollen Frankreich begutachten
aus manager-magazin.de vom 09.11.2012

(4) Frankreichs Bürger verweigern jede Reform
aus WirtschaftsWoche online vom 2013-01-08

(5) Frankreich beginnt mit Strukturreformen
aus Handelsblatt online vom 12.01.2013

(6) Frankreich schafft Einstieg in flexiblen Arbeitsmarkt
aus Handelsblatt Nr. 009 vom 14.01.2013 Seite 007

(7) Eine Frage der Gerechtigkeit
aus Welt am Sonntag, 13.01.2013, Nr. 2, S. WS15

(8) Renault baut 7500 Arbeitsplätze in Frankreich ab
aus Frankfurter Allgemeine Zeitung, 16.01.2013, Nr. 13, S. 12

(9) PSA kommt in Südeuropa unter die Räder
aus Frankfurter Allgemeine Zeitung, 10.01.2013, Nr. 8, S. 16

Impressum

Arbeitsmarktreform in Frankreich - kommt Deutschlands wichtigster Handelspartner aus der Krise?

Bibliografische Information der deutschen Nationalbibliothek

Die Deutsche Nationalbibliothek verzeichnet diese Publikation in der deutschen Nationalbibliografie; detaillierte bibliografische Daten sind im Internet über http://dnb.d-nb.de abrufbar.

ISBN: 978-3-7379-1697-4

© 2015 GBI-Genios Deutsche Wirtschaftsdatenbank GmbH, Freischützstraße 96, 81927 München, www.genios.de

Alle Rechte vorbehalten. Dieses Werk ist einschließlich aller seiner Teile – z.B. Texte, Tabellen und Grafiken - urheberrechtlich geschützt. Jede Verwertung außerhalb der Grenzen des Urheberrechtsgesetzes bedarf der vorherigen Zustimmung des Verlags. Dies gilt insbesondere auch für auszugsweise Nachdrucke, fotomechanische

Vervielfältigungen (Fotokopie/Mikroskopie), Übersetzungen, Auswertungen durch Datenbanken oder ähnliche Einrichtungen und die Einspeicherung und Verarbeitung in elektronischen Systemen.